Collection
« Petite philosophie du voyage »

En partenariat avec
baladéo
À CHACUN SA NATURE
www.baladeo.com

Albéric d'Hardivilliers

L'ÉCRITURE DE L'AILLEURS

Petits propos sur la littérature nomade

Transboréal

Né en 1981, Albéric d'Hardivilliers intègre en l'an 2000, après deux années de préparation littéraire, l'ESAG-Penninghen où il effectue une spécialisation en arts graphiques. Il accomplit son premier voyage dès l'âge de 17 ans et son deuxième l'année suivante, en reliant à vélo Istanbul et Aqaba, en Jordanie. En 2001, ce seront la Turquie, l'Iran, l'Ouzbékistan, la Kirghizie et enfin le Kazakhstan. Peu après, il visite les Hébrides extérieures, où il produit son premier carnet de voyage. En 2002, Albéric d'Hardivilliers part pour le Yémen, et en 2003 pour le Mali, où il réalise au sein de l'Association Bobby Watson une enquête sur les origines du blues. En 2004, il se rend en reportage à Sarajevo puis entreprend de traverser la Chine. Depuis 2006, il tire de ses fréquents voyages (Inde, Europe, États-Unis) articles, chroniques et nouvelles teintés d'ailleurs et de l'esprit de la route.

Il est l'auteur du texte de *Nationale 7, Un road-trip à la française* (avec des photographies de Matthieu Raffard, Transboréal, 2008).

Remarquez qu'il ne s'agit pas d'exploration ni de dépaysement. Il est question avant tout de partir [...]. Il s'agit de voyages très incertains, de départs tellement départs qu'aucune arrivée ne pourra jamais les démentir.

Julien Gracq, « Les yeux ouverts », *Préférences*
(José Corti, 1961).

Les quelques jours qui précèdent un départ, ralentis dans leur écoulement par le poids de l'attente, m'ont toujours plu au-delà de ce que je peux dire. C'est que je retrouve en eux un peu de la fébrilité qui précède l'arrivée d'un orage sur une ville asséchée et, dans l'épaisseur de la température, l'annonce des aéroports, des trains pour l'Orient, un début de solitude frôlant la sérénité.

C'est aussi le temps d'errer en quête des livres qui m'accompagneront dans les mois ou les semaines à venir. Je me souviens d'avoir passé, avant de quitter la France pour rejoindre Pékin, plusieurs heures dans une librairie. Je devais avoir choisi ce jour-là *Le Pavillon d'or* de Mishima, *Le Quatuor d'Alexandrie* de Durrell, un Dumas pour le plaisir de lire ou peut-être était-ce *Les Misérables* et quelques autres textes dont les titres m'échappent. Pourtant, au moment de sortir, je ressentis une gêne brutale, une quasi-paralysie qui m'empêcha de les acheter. Je posai le tout sur la caisse, courus dans les rayons, saisis à la va-vite *Un barrage contre le Pacifique*, *La Pluie d'été* et *L'Amante anglaise* de Duras, deux ou trois autres livres dont un tome du journal de Jünger et *Belle du Seigneur* que j'avais donné l'année précédente à un ami après avoir lamentablement échoué à la page 30. Sans doute les titres, pendant le temps passé dans les rayons, s'étaient-ils imprimés sur la surface intérieure de ma rétine, mais je n'avais aucun souvenir de les avoir vus et certains m'étaient même parfaitement inconnus. Pourtant, c'est sans hésitation que je les pris et je me demande encore aujourd'hui qui a réellement choisi l'autre. Quelques mois plus tard, je repensai à ce moment avec reconnaissance, car la Chine depuis lors s'écrit pour moi avec les mots de Duras.

Je me plais depuis à croire qu'il y a entre les livres et leurs lecteurs, entre les livres et les voyages qu'ils accompagnent, certaines affinités, une forme d'élection à laquelle il n'est pas superflu de se rendre sensible. Il m'a toujours semblé que ces livres-là, ceux qu'en fait on ne choisit pas, savaient venir d'eux-mêmes, qu'ils savaient choisir le moment où ils seraient le mieux lus et qu'on y trouvait le plus souvent, non pas une inspiration, ni même une nouveauté, mais bien plutôt une confirmation qui devient un peu comme, à travers les lignes et selon un sens qui échappe, une exhortation à aller de l'avant. Valery Larbaud, par exemple, dont je n'avais que vaguement entendu le nom dans mon adolescence, fait maintenant partie de mon petit Panthéon et je lui dois aujourd'hui quelques-uns de mes plus grands plaisirs de lecture comme de voyage.

J'aime, de la même manière, choisir mes destinations selon un ordre aléatoire, faire confiance au hasard (auquel je crois assez peu), ou au destin (qui m'effraie parfois). Comme les livres, certaines destinations s'imposent sans raison apparente alors que d'autres, longtemps attendues, sont toujours à ce jour inconnues. Peut-être la lecture récente de Borges va-t-elle enfin me donner un peu de goût pour l'Amérique latine qui, jusqu'à présent, m'a laissé bien loin d'elle ?

La contemplation des cartes est à ce sujet bien plus éclairante que la consultation de quelque ouvrage de référence que ce soit ; l'envie s'y mesure au dessin des montagnes, et le tracé de la côte danoise ou la courbe d'un fleuve d'Afrique arrête parfois soudain comme les entrailles d'une bête sollicitent l'attention du devin. C'est qu'il semble toujours y avoir un trésor à conquérir dans les replis d'un golfe ou l'extrémité d'une presqu'île, comme des mystères à percer dans les villes frontalières ou sur les rives d'un lac d'Écosse. D'autres fois encore, on se risque à placer sa confiance dans ces rêves qui, souvent, précèdent un départ : on erre alors sur de gigantesques cartes qui se présentent généralement comme une grande étendue légendée où les zones dangereuses – déserts, forêts, marécages – prennent forme. Les noms des villes, contrairement aux océans, apparaissent avec netteté, tout comme ceux des fleuves et de quelques mers intérieures – la *Mer des Terres noires* ou celle des *Profondeurs* –, mais les distances, sans réalisme apparent, ne semblent correspondre à d'autre échelle que celle du rêve ou du désir. Parfois aussi, comme des personnages dont le visage échappe, apparaissent des pays inconnus, reconnaissables aux seules sonorités des noms qui s'écrivent au sol en grandes lettres d'or : ainsi la péninsule du Kamtchatka, que sa forme si particulière vient identifier sans erreur possible, n'est représentée que par la répétition au sol de la première voyelle alors que les consonnes, elles, gardent un exotisme barbare.

On trouve autant de types de lecteurs que de voyageurs – et de voyages. Certains préparent le leur comme une conférence en lisant rapports d'expédition, traités géographiques et livres d'histoire ; d'autres plongent dans l'épaisseur d'une culture, se gavent de romans et de poésie locale ; d'autres encore lisent et relisent différents guides plus ou moins culturels, regardent les horaires des bus et des trains pour savoir comment rejoindre Samarcande et Boukhara le plus rapidement possible.

Quel que soit l'ouvrage choisi, il arrive qu'il donne une image totalement décalée de la réalité qu'il évoque ou qu'il décrit. Je me souviens d'avoir lu, quelque temps avant un départ pour le Yémen, *La Reine de Saba, Une aventure géographique* d'André Malraux. Mareb', le nom actuel de cet hypothétique royaume, perdu à l'entrée de l'Hadramaout, devint pour moi une de ces cités mythiques de l'Antiquité où Indiana Jones coudoie Lawrence d'Arabie, et il ne me fallut plus qu'une sourate du Coran pour sombrer dans un rêve exotico-mystique propre à exciter mon adolescence d'alors : « J'ai trouvé qu'une femme est leur reine, que de toutes choses elle a été comblée et qu'elle a un trône magnifique. » Je me rappelle précisément avoir imaginé ce trône et avoir reconstruit autour de lui une sorte de palais mésopotamien teinté d'Égypte et de Grèce, une de ces bouillies orientalistes qu'on exposait au XIXe siècle pour le plaisir de Parisiens charmés par Loti et le Sâr Péladan.

L'ambiance à Sana'a, quelques mois après les attentats du 11 septembre, n'était pas spécialement reposante. Les *check-points* n'épargnaient personne et une autorisation du ministère de la Défense était nécessaire pour sortir de la capitale – autorisation qui serait restée lettre morte sans une escorte militaire dûment armée. Motivé malgré tout par Malraux, je décidai d'aller voir ce fameux royaume, trouvai un chauffeur, une escorte et, quelques heures plus tard, après une vingtaine de contrôles et une plongée de plus en plus aride vers l'est, j'arrivai aux portes de Mareb'. Sur place, la ville avait une tout autre allure : deux ou trois colonnes poussiéreuses cernées de barbelés faisaient office de royaume, et à peine devinait-on sous le sable quelques renflements prometteurs. Il aurait fallu une forte imagination pour retrouver derrière ce paysage en chantier le visage d'une de ces femmes qui, de Salomé à Bethsabée, peuplent l'imaginaire masculin, mais l'incessant rappel à l'ordre du cliquetis des armes de mon escorte et la chaleur plombante de midi ne m'y aidaient guère.

Depuis, je préfère éviter ces lectures déconcertantes, un peu plates ou trop précises qui, comme les cartes des guides touristiques, sans courbes de niveau ni mystères, ont tendance à fausser la vue comme une lentille mal réglée. Le temps qui précède chaque voyage devient plutôt un temps de silence et de vide où il convient d'anticiper les inévitables déceptions, de faire mourir chaque pays à mon imagination, et je ne m'autorise plus que les seuls livres où la géographie a subi un travail de reconstruction. À ce titre, *Bains de mer* de Morand, avec ses pages sur Lisbonne, Cascais et Estoril, ne m'a pas empêché d'y être à mon tour sans que sa présence me gêne. Mais après l'avoir lu, j'ai pour ainsi dire « pensé Morand » pendant quelque temps, et c'est une pente dont il faut se méfier, bien qu'il y ait pire modèle ! Les mots des autres, leur voix, ont sur leurs lecteurs, qu'ils écrivent ou pas, un pouvoir bien plus puissant qu'il n'y paraît d'abord. Par un étrange phénomène de pollinisation, Proust allonge et essouffle les phrases ; avec Rilke, l'œil devient sensible aux plus fragiles mouvements de l'âme ; Hemingway, lui, rend bref et elliptique, presque sanguin ; quant à Thomas Mann, il fait voir comme au microscope les plus infimes replis du terrain. Ce n'est pas seulement la syntaxe qui se modifie, le mode même d'appréhension du monde change grâce aux lectures en cours, si bien qu'il convient de choisir avec soin les livres que l'on emporte. À la manière d'un colorant, ceux-ci viennent discrètement, mais sans retour possible, teinter les voyages qu'ils accompagnent, leur donnant une nuance plus subtile, une touche de secondarité qui, comme une note de fond dans un parfum, vient fixer les sensations à la surface de la mémoire.

Comme des aiguillages sur un immense réseau ferré où les perspectives seraient voilées par d'incessants tournants, ils nous orientent et nous guident, selon un principe d'aimantation capable de nous mettre sur la voie ou de nous *dérouter.*

Et c'est justement cette possibilité, ce risque toujours encouru de se retrouver sur un embranchement inattendu, qui pousse à écrire comme à voyager. Il n'y a pas de voyages ni de livres valables hors de cette perspective : la possibilité qu'après, tout soit à repenser. Car c'est bien toujours la même éternelle question : qui serons-nous, toujours immanquablement étrangers, quand nous rentrerons ? Chaque pays, chaque livre nous définit autant que nos plus anciens souvenirs d'enfance ; dans ma bibliothèque personnelle, l'odeur du lilas vient se ranger aux côtés de Rimbaud et de Nicolas Bouvier le long d'une route turque prise dans la lumière poussiéreuse du petit matin. Il est possible, après tout, de voir cela sous l'angle du risque, mais d'un risque volontairement pris, possible que l'on puisse perdre, non pas autant qu'on y gagnerait mais peut-être même plus, possible que l'on se fasse détruire, qu'au lieu d'ajouter cela retranche.

Et même, au-delà de cette idée romantique de la destruction, il est encore possible que l'on ne change pas, que l'on reste, non pas insensible, mais tout simplement le même jusqu'à pouvoir dire, comme A. O. Barnabooth, le personnage voyageur de Larbaud : « Je me retrouvais le même que j'étais des années auparavant, [...] toutes mes lectures, mes voyages, mes conversations, tout cela m'avait laissé le même. »

Quel étrange et surprenant paradoxe que le risque ultime du voyage soit niché au creux de l'immobilité, de l'inchangé, de l'atonie ! L'aigreur ou la désillusion auraient été moins décevantes, quelque chose avec elles se serait alors passé, l'indifférence ne serait pas devenue le fade fardeau de nos voyages. Y a-t-il un seul écrivain qui aimerait entendre d'un de ses lecteurs : « Non, vraiment, votre livre ne m'a rien fait » ?

Les voyages, comme les livres, demandent un temps d'adaptation : un temps pour laisser l'oreille se faire aux nouvelles sonorités et à la musicalité propre à chaque auteur, la mémoire aux noms des personnages. De même, le voyageur se fait peu à peu à son nouvel environnement, en apprend les limites et les codes, le vocabulaire, s'adapte à un nouveau rythme, une syntaxe. En ce sens, la littérature et le voyage évoluent sur la même fréquence, captent les mêmes ondes. Il n'y a pour s'en persuader qu'à voir le nombre de livres dont la trame narrative même s'organise autour d'un voyage. De l'*Odyssée* au *Voyage au bout de la nuit*, de la *Saga de Hrafnkell* au *Seigneur des anneaux*, l'expérience, qu'elle soit des hommes ou des demi-dieux, se conquiert à la surface de la terre. Quelque part sans doute se cache l'idée d'une Vérité, d'un monde à découvrir et, en ce sens, les romans d'initiation ou ceux de la quête comme l'*Œuvre au noir* de Yourcenar ou *Le Château des Carpathes* de Jules Verne réalisent l'*opus magnum* de la littérature. N'est-il pas curieux que les romans du Graal, du moins leurs versions christianisées, ne mettent pas en scène, dans une quête spirituelle, des moines reclus mais des chevaliers errants ? Il aurait semblé logique qu'une entreprise de cette hauteur fût confiée à des hommes d'Église, qu'elle prît lieu dans les profondeurs d'une abbaye, même symbolique. Mais peut-être les ressorts dramatiques, les possibilités de rebondissement, auraient-ils été un peu pauvres et qu'au lieu d'un roman nous aurions eu entre les mains un traité de mystique ou de théologie.

Dans le voyage, la littérature trouve une source inépuisable de péripéties, avec à la clé, et si possible au fond d'une vallée lointaine ou au sommet d'une montagne inaccessible, un enseignement que le héros partagera avec le lecteur. Mais il n'est pourtant pas toujours la clé qui autorise l'accès à la connaissance. Flaubert, dans son *Éducation sentimentale*, lui donne une place dénuée du moindre exotisme et se moque même du romantisme éculé du jeune Frédéric : « Il voyagea. Il connut la mélancolie des paquebots, les froids réveils sous la tente, l'étourdissement des paysages et des ruines, l'amertume des sympathies interrompues. Il revint. » Plus près de nous, Ella Maillart et Nicolas Bouvier nous livrent eux aussi, à leur manière, un mode d'*usage du monde*. Leurs livres, leurs histoires, sont autant de murailles auxquelles les lecteurs peuvent s'adosser et trouver, non pas un mode d'emploi réducteur (il ne s'agit pas de trouver un maître à copier), mais plus sûrement un élan à suivre, un mouvement à embrasser.

On retrouve dans ces livres beaucoup des moments qui précèdent le voyage, où le héros se rassemble sur lui-même. Certains se recueillent dans la solitude d'une chapelle, d'autres se choisissent une femme pour la nuit, d'autres encore se saoulent jusqu'au matin, certains même rassemblent des journalistes sur le parvis de Notre-Dame pour filmer leur départ… À leur façon, ils sont tous comme ces plongeurs qui, les yeux fermés, dos au vide, prennent leur respiration et contrôlent leur souffle avant la chute.

Aux départs précipités en avion où l'arrivée de l'autre côté fait de chacun un parachutiste à sa manière, je préfère la lente séparation mûrie d'avec un paysage connu que procure le train plus encore que la voiture. Après quelques kilomètres, à quelque chose de brutalement étranger dans le paysage, on reconnaît enfin que l'on est parti et, pour un laps de temps qui s'apparente à la suspension des rêves, on goûte aux joies de la route et du départ. Il faut comme cela des sas pour redonner à l'œil ses capacités d'observation, pour se rendre à nouveau disponible au bouleversement et supporter le vertige qu'il y a à imaginer la saisissante nouveauté qui s'offre à nos yeux.

Je me rappelle ainsi, dans un train pour Sarajevo, avoir regardé longtemps le paysage, les yeux mi-clos, attentif à ce qui se passait dehors comme en moi-même. Alors que la France peu à peu faisait place à l'Allemagne et que nous entrions plus à l'est dans le continent enneigé, progressivement mes facultés d'observation, de *mise à disposition*, remontaient à la surface. Mes premiers jours à Sarajevo n'ont été qu'une suite ininterrompue d'instants plus ou moins rapprochés où je tentais de capter la fréquence de la ville. Il faut un certain temps pour s'habituer à ne plus entendre autour de soit qu'un bruissement inintelligible au lieu d'une langue familière, à ne voir accrochée aux poteaux des carrefours qu'une masse confuse de signes typographiques et non plus telle ou telle direction connue, à se faire à ce silence intérieur qui, là-bas, s'établissait pour moi à la faveur de l'hiver. À cette saison, une lumière rasante venait friser la vallée et donnait à la ville un air de station de ski, malgré les barres d'immeubles et les impacts de balles sur les murs, qui faisait monter en moi un malaise de plus en plus prégnant à mesure qu'ils descendaient à hauteur d'homme. Je travaillais alors sur la reconstruction de la ville mais rien ne me pressait de commencer mes recherches. Il régnait là-bas une ambiance calme et presque rassurante, oublieuse de son passé même, qui allait mal avec des questions abruptes et précipitées et l'œil inquisiteur d'un reporter amateur. J'ai donc erré pendant trois jours, de rues en terrasses de café, passant des heures calmes à regarder par la fenêtre de ma chambre une ville que j'essayai seulement d'entendre, profitant du mouvement de balancier régulier des habitants pour me mettre progressivement sous tension avant de commencer à écrire et même à noter quoi que ce soit.

Il m'a toujours semblé que l'acte même d'écrire, la rédaction (et déjà de mauvais souvenirs scolaires reviennent à la mémoire...), ne représente que la surface d'un processus qui, bien plus qu'au mouvement d'un torrent, s'apparente au long et calme écoulement des fleuves souterrains, qu'avant la langue l'œil déjà écrit. Il y a, malgré l'évident plaisir rocailleux du mot, une source peut-être plus souterraine du langage, préexistant presque à lui et qui fait de tout écrivain le traducteur d'une voix extérieure. Et c'est à cette voix qu'il faut se rendre disponible. Je ne parle pas ici de visions ni d'hallucinations, je ne crois pas que les poètes aient « vu » ce qu'ils écrivent comme Bernadette a « vu » la Vierge, mais de voix au sens où l'on peut dire qu'une vallée *parle*, que d'une langue inconnue peut se dégager, par sa seule musicalité, un sens en deçà de la surface des mots.

Une grande partie du processus d'écriture, et particulièrement dans le contexte du voyage, consiste avant tout à tenter de retrouver cette voix, à percer la surface exotique et presque anecdotique du lieu, à exercer d'abord un regard. Nicolas Bouvier, à ce propos et en parlant des Français, disait qu'« ils sont en général trop pressés de faire de la littérature ou de l'esprit. Ils sont trop impatients de comprendre et cette rapidité leur nuit. Au lieu de regarder passer et repasser les idées, ils les attrapent au vol et leur tordent le cou. »

Il faut en effet longtemps regarder avant d'écrire pour éviter de s'arrêter trop vite sur des détails que l'on ne considérera trois jours plus tard qu'avec indifférence. J'aime pour cela, dans une ville nouvelle, trouver rapidement quelques points de repère familiers pour me débarrasser de l'encombrante griserie de la nouveauté. À Lanzhou, en Chine, j'avais pris l'habitude d'aller, après de longues heures de marche, échouer dans un petit café sans charme où boire une bière avant de repartir. C'était un de ces cérémonials dont mes journées de voyage sont jalonnées, comme la première cigarette dans le taxi en sortant de l'aéroport ou l'attente des heures chaudes dans ma chambre d'hôtel, fenêtre ouverte, le regard englué dans le mouvement du ventilateur. Un orage que j'avais senti venir à l'odeur humide et rafraîchissante de la poussière me força à me mettre sous un auvent. De là, je regardai la foule qui, derrière la pluie, ne ressemblait plus qu'à une juxtaposition incertaine de silhouettes floues et de taches de couleur. Il faisait chaud, et les gouttes en tombant prenaient cette forme particulière, oblique, qu'on leur voit dans les illustrations japonaises. L'alcool, la chaleur et la pluie aidant, je commençai à sentir mon regard se flouter et à voir apparaître une brume opaque qui m'isolait. La nappe de ma table était grasse et collante, la sueur me coulait dans le dos et, à bien y réfléchir, je devais avoir l'air un peu paumé. À cette heure-là, je me sentais aussi loin de ce restaurant, aussi absent de moi-même qu'il est possible de l'être. Mais c'est dans cet *entre-deux* que se révèlent pour moi les potentialités les plus élevées du regard.

Quelques heures après, le soir, à une autre terrasse, devant un autre verre, je notai cette expérience sur un de mes carnets. Derrière le flou apparent dans lequel cet après-midi m'avait plongé, un certain nombre de faits parallèles enregistrés sans que j'y prête attention me revinrent presque inconsciemment en mémoire : un groupe d'hommes jouant au mah-jong, la circulation des serveuses et leurs calots étonnamment californiens, une vague odeur de coriandre, l'heure même à l'horloge – 16 h 23 – et l'amoncellement des seaux en plastique de l'autre côté de la rue à la devanture d'un magasin. Mais au-delà de ces détails, c'est de cette foule, de l'ensemble même de la scène, qu'un sens peu à peu finissait par émerger et tout, comme sur les planches d'Hokusai, semblait s'agencer selon un ordre immémorial et établi de longue date.

C'est dans cette période de captation du réel, où l'œil autant que l'âme se fait réceptacle de sensations, que se révèlent les vertus du *regard oblique.* Derrière la buée qu'il laisse monter devant nos yeux, les informations nous apparaissent comme filtrées, purifiées d'une couche superficielle qui ne demandait qu'à sauter. De la même manière, les professeurs de dessin dans les écoles d'art demandent à leurs élèves de « plisser les yeux » pour évaluer leurs travaux : alors, les contrastes remontent, les détails accaparants repassent à l'arrière-plan et l'œil peut se concentrer sur l'architecture générale.

Les mystiques orientaux pratiquaient déjà, à leur manière, et dans un but finalement assez peu différent, ce regard oblique. Par des exercices provoquant le strabisme, en plus de mouvements de balanciers réguliers de tout le corps, ils atteignaient une forme d'extase. On en trouve la preuve sur les mosaïques coptes où plus d'un saint semble avoir dans le regard une épaisseur disgracieuse. Je me plais à croire que le regard un peu simple et le sourire presque béat des personnages de certaines enluminures chrétiennes ne sont pas très éloignés de cela et qu'il y aurait ainsi, à travers les arts, certaines correspondances. Beaucoup, figés dans un drapé inconfortable et comme saisis dans un mouvement tout juste arrêté – main ou doigt levés dans une direction incertaine –, ont en effet ce regard de biais, rentré sur lui-même, et souvent détourné de la scène principale. Je m'en suis souvent demandé la signification, quelle part on pouvait attribuer à une éventuelle défaillance technique de l'artiste. La perfection anatomique, même stylisée, que l'on retrouve par ailleurs à la même époque écarte cette hypothèse, et je préfère croire qu'ils se sont absentés un moment de l'image, plongés qu'ils sont dans la contemplation d'une vérité entraperçue derrière un rideau de pluie chinoise.

Dans la phase qui précède l'écriture, ce regard décentré et oublieux de lui-même peut permettre une appréhension du réel non pas exactement plus complète, mais plus dense. En voyage particulièrement, où l'abondance de la nouveauté risque d'arrêter à tout instant le regard sur un détail sans importance, cette approche périphérique permet non pas seulement de décrire mais d'écrire, évitant ainsi l'effet catalogue, la juxtaposition de faits et d'observations qu'aucune organisation intérieure ne viendrait soutenir.

Pendant mes cours de dessin à l'école Penninghen, un professeur, trouvant sans doute que je cernais un peu trop les contours d'un nu, me recommanda de « dessiner de l'intérieur ». Je mis un certain temps à comprendre cette expression. Peut-être ne l'ai-je d'ailleurs vraiment expérimentée qu'en commençant à écrire. On la trouve illustrée à merveille chez Léonard de Vinci, dont le fameux *sfumato* vient nimber les contours des personnages, ou chez Ingres, dont les modèles semblent toujours prêts à s'évaporer malgré l'excellence et la tenue du trait ; le modelé de l'épaule ou du coude, les différentes parties du visage, semblent se fondre dans l'arrière-plan, provoquant cette grâce et ce rayonnement intérieur si particuliers. J'ai toujours eu un goût plus marqué pour les textes, et particulièrement les romans, que ce genre de lumière vient éclairer : elle laisse dans la mémoire, mieux qu'aucune description au scalpel, un souvenir fantomatique, une impression vive et pourtant impalpable comme le feu d'un vitrail dans une église de province vide, froide et abandonnée.

Les premiers instants dans une ville nouvelle, les premiers jours même, s'organisent presque toujours pour moi selon le même rituel. Après la traversée des zones périphériques, bordées d'immeubles inachevés, d'arbres aux troncs poussiéreux, j'échoue sur les docks, comme si toutes les villes que je traversais devaient venir se loger au creux d'un port. Dans les rues, mon regard se fait progressivement au silence comme l'œil à l'obscurité, et prend cette consistance qu'il a quand on s'éloigne d'un lieu qu'une trop longue fréquentation a rendu dangereusement familier : un peu lourd et absent, attentif, disponible. À Bergen, en Norvège, où je me suis installé pour quelques mois, je l'ai senti se poser avec bienveillance et patience sur les maisons hanséatiques du port et les collines du Fløyen. Chaque jour, en m'y promenant, je répétais les noms des choses vues, les agençais progressivement en courtes phrases dans lesquelles je fouillais comme dans un vieux coffre. La marche est favorable à ce monologue, à cette répétition de fragments souvent inconséquents ; elle permet de laisser les mots advenir, de dégager un ordre sous-jacent que l'on ne faisait encore que pressentir. Au bout de quelques jours seulement, la vie se présente en phrases claires et nettes, disponibles à l'écriture – c'est sans doute ainsi qu'il faut la prendre. Au lieu d'un fleuve ininterrompu où chaque idée, chaque sensation, glisse sur la précédente en la faisant disparaître, dans une rêverie que l'on pourrait situer hors du langage, où la pensée précède le mot, une litanie répétitive se met en place. En jouant indéfiniment cette partition, en plaçant dès sa racine la perception dans une perspective d'écriture, une architecture essentielle s'établit, qui rapproche au plus près la phrase écrite de l'intériorité cachée de la sensation. Ce brassage permanent, frôlant le monologue intérieur où, dans un échange constant, l'œil et la langue se font écho, redonne un peu de densité à une réalité sur laquelle il est parfois difficile d'adhérer. Ainsi peut-on échapper à la malédiction que Kierkegaard fait planer sur les voyageurs : « C'est de glisser sur les choses qui est le propre du voyage. »

Partout ailleurs qu'en écrivant la vie s'écoule en effet pour moi dans une longue et lente glissade où le temps et les choses défilent avec l'effrayante inconsistance des paysages aperçus derrière la fenêtre d'un train à grande vitesse. L'écriture, et particulièrement l'écriture en voyage, est alors l'occasion attendue de densifier les choses, de leur redonner un peu de matière et d'en extraire, derrière le chaos, un sens encore fragile.

Cette phase d'« écriture avant l'écrit » trouve son efficacité la plus grande dans un isolement relatif. En voyage, et pas seulement à l'étranger, une solitude volontaire et comme reconquise vient naître dans l'étrangeté de la langue et, paradoxalement, dans le mouvement. L'illusion du paysage toujours renouvelé et la surdité temporaire viennent placer le voyageur dans un espace de disponibilité favorable à l'écriture.

J'aimais le soir, à Damas, après une journée passée dans la ville à la recherche d'un coin d'ombre, lire un des livres que j'avais emportés. L'évêque maronite m'avait prêté une petite chambre sentant le camphre où il rangeait ses chasubles et quelques objets de culte. Sur un minuscule balcon mal carrelé qui donnait sur la vieille ville, un ou deux vieux lits traînaient pour les voyageurs de passage. Le soir, dans la chaleur sèche, au bruit des chiens errants et des muezzins qui appelaient à la prière, je me laissais aller avant de ressortir au plaisir de lire un peu de français. Saint-Exupéry ou Stendhal me reposaient du bruissement de l'arabe entendu toute la journée sans que je le comprenne, et il y avait un plaisir reposant à pouvoir de nouveau saisir ce que mes yeux lisaient. La plongée dans l'épaisseur d'une langue inconnue crée en effet une sorte d'isolement linguistique éprouvant mais, rapidement, l'oreille se fait à l'étrangeté, abandonne l'idée de comprendre, et les phrases entendues toute la journée – et qui ici sans doute ne parlent que de l'heure du jour ou du travail en cours – ne s'écoutent plus que comme une musique de fond ; à peine, avec le temps, un léger murmure remonte-t-il parfois jusqu'à l'oreille. La musicalité propre de chaque langue, derrière la signification, laisse affleurer un sens. Le silence relatif de la langue maternelle crée comme une caisse de résonance qui vient redonner aux mots un écho, une présence particulière et, pour ainsi dire, une chair dont on avait peut-être oublié le goût. La correspondance même entre un son et un sens devient en soi une petite illumination et je me souviens d'avoir passé des heures, en regardant la nuit tomber sur Damas, à me répéter ce vers de Baudelaire, étonné de le comprendre si bien : « Quels sont les infortunés que le soir ne calme pas ? »

À cette heure, dans la nuit précoce du Moyen-Orient et l'odeur de poussière et d'épices, je composais alors mon psaume, égrenant le nom des choses vues par la fenêtre pour le seul plaisir du mot. Je convoquais avant tout les grandes maisons de pierre sèche ; les moteurs et les fours, les câbles, les poteaux, les panneaux ; les arbres et la masse rassurante des ombres de leurs palmes ; l'herbe quand elle pousse, même sur la frange d'une flaque boueuse ; entre les maisons, les coulées régulières de bitume ; les gens qui passaient dans une direction ignorée ; le simple passant, l'officier, le chrétien, le musulman, le chaland, le balayeur, le gosse enfin et sa mère à côté – et toutes leurs présences qui d'en haut n'étaient que des points sur un échiquier aux cases irrégulières. Voilà la Syrie, poussiéreuse et dégagée, dans laquelle je me promenais, sourd et dispos.

Grâce à cet exil de la langue, le voyageur se retrouve dans un de ces espaces intérieurs où les mots, comme des taches de couleur sur un fond noir, viennent se détacher avec une singularité sonore presque palpable. Je reviens depuis souvent en pensée sur ce balcon arabe pour écouter à nouveau les échos rocailleux et doux des mots de la nuit syrienne. J'ai développé depuis une prédilection particulière pour les terrasses et les balcons, les lieux ouverts et hauts qui donnent aux paysages une unité essentielle. J'ai aimé écrire à Bénarès, au-dessus du Gange ; à Lisbonne ; à Tombouctou où le regard se perd dans le désert ; à Portree, sur l'île de Skye – partout où le regard peut se dissoudre dans le paysage et retrouver une densité qu'une vue trop parfaitement connue, trop familière, ne permet plus.

Il se dégage maintenant de tous ces lieux une surprenante unité, comme si, derrière l'apparente diversité des choses, l'écriture venait les relier entre eux par une plus secrète, une plus discrète alchimie. Ainsi, à Copenhague, un jour de tempête, la silhouette d'une usine et de ses cheminées convoquait Istanbul et ses mosquées aux portes du Nord. De même, un village que je dessinais près de Kawkaban, au nord du Yémen, par un simple agencement de couleurs sur ses façades, creusa un couloir qui me ramena d'abord à Proust puis à Vermeer. Il me rappelait ce passage de la *Recherche* où, dans mon souvenir, Bergotte, quelques secondes avant de mourir, s'émerveille du « petit pan de mur jaune » de la *Vue de Delft* et de son pouvoir sur l'ensemble de la toile. « C'est ainsi que j'aurais dû écrire, disait-il. Mes derniers livres sont trop secs, il aurait fallu passer plusieurs couches de couleur. » J'aime cette idée qu'il puisse y avoir entre les arts des passerelles qu'une simple couleur fait apparaître, que d'immenses escaliers amovibles, comme sur les gravures du Piranèse, font communiquer entre eux au gré des lectures et des voyages. L'Afghanistan d'Annemarie Schwarzenbach a ainsi pris pour moi, comme par une porte dérobée de la géographie et du temps, la forme du Kurdistan turc que je traversais un jour pour rejoindre Téhéran, et l'Hindu Kush qu'elle décrit, celle du mont Dapsang qu'on aperçoit de loin à la sortie de Kashgar.

Avec le temps, à travers le monde, les distances commencent à s'amenuiser et le voyageur se sent peu à peu devenir son propre lieu. Entre géographie réelle, pays traversés et paysages lus, il se déplace sur un continent qui n'appartient qu'à lui, une région à la réalité indiscutable faite de souvenirs et de mots. Pourquoi alors cherche-t-il encore malgré cela une place qui lui laisserait supporter l'immobilité qui lui fait défaut ? Ne lui arrive-t-il pas, les soirs d'été, de craindre d'avoir trop vu sans rien trouver, d'avoir en lui trop de bruits pour si peu de silence ? Mais qu'est-ce que le voyage sinon partir sans cesse ? Le mouvement n'est-il pas encore le meilleur remède à la mélancolie pour ceux qui n'ont pas, comme Pascal, la force de rester dans leur chambre ?

C'est pourtant souvent dans les chambres d'hôtel, justement, que l'on trouve un peu du dépouillement monacal nécessaire à l'écriture. À travers le monde, dans leurs pauvres ressemblances, leur neutralité, elles sont le lieu où la diversité des choses vues dans la journée vient pour un temps se taire. Ici, aucune autre distraction qu'un lit de bois clair, un matelas trop fin, un téléphone rouge et une table bancale sur un sol en lino devant une fenêtre ouverte sur la ville. Elles sont, quel que soit le pays, des lieux d'intimité chaque fois inchangés, des îlots de calme réconfortants, où passer des heures entières, alangui, absent de volonté, marchant sur ses pensées comme dans une allée boisée après la pluie.

L'écriture est très proche de ces moments d'attente suspendus où, dans le silence, les différents éclats du voyage viennent comme des morceaux de limaille se regrouper autour d'un noyau aimanté, compact et fixe. C'est dans ces moments d'entre-deux, calmes comme une mer à l'heure étale, que remontent à la surface les mille émotions parallèles de la journée. Pourtant, certaines d'entre elles, mal démarrées, viennent par un poids étrange et lourd vous briser lentement la nuque. Rien dans leur écoulement n'a pris de sens : il a fait trop chaud, un projet a été avorté, on n'a pas écrit autant et aussi bien qu'on l'aurait souhaité. Bientôt, la nuit tombe et la soirée s'étire longuement, jusqu'à une nuit insipide et sans repos ; une journée ainsi a passé – une journée comme en vacances l'été, une journée de pluie au bord de la mer, qui ne vous a mené qu'un peu plus loin, c'est tout. Les temps faibles comme ceux-ci, que le voyage dispense si généreusement – heures chaudes, mousson, longues heures de transport – sont pour le voyageur soucieux de prendre son temps autant de chapelles fraîches où laisser les jours juste écoulés se recomposer d'eux-mêmes. Ces instants d'ennui calme sont le prix à payer pour le silence et la liberté que l'on s'offre : c'est une rançon que je paie bien volontiers.

À Tombouctou, au *Kikisuperstar Bar*, un rade de tôle et de bâches en plastique à la périphérie de la ville, je venais dès 5 heures du matin écrire en buvant un thé un peu fort. À cette heure, la lame des ombres ne tombait pas encore comme la pliure d'un livre sur les façades de terre ; il restait, pour quelque temps seulement, un peu de fraîcheur. Au loin pourtant, derrière le camp touareg, une brume de chaleur commençait déjà à monter du sol mais un silence agréable baignait la ville, et je profitais de ce moment atone pour prendre deux trois notes à relire dans la soirée.

Quel voyageur, écrivain ou pas, n'a pas connu des heures comme celles-ci, assis sous la protection d'une mince bande d'ombre, à regarder passer et repasser les heures du jour devant lui ? Cabanes de pierre des wadis jordaniens où l'on déjeune avec les lézards ; palmiers épais et visqueux d'où l'on regarde partir les boutres des pêcheurs sur la mer Rouge ; cimetière kazakh où, derrière les stèles ensablées, on fume de très lentes cigarettes, récompense du long voyage effectué dans l'un de ces trains à l'allure soviétique qui parcourent l'Asie centrale. Passées les vagues banlieues d'Almaty, le train arrive vite au milieu d'immenses steppes rases où apparaissent parfois au loin un troupeau de chameaux ou d'inquiétantes usines. Pour quelques secondes, elles font sur les fenêtres des couloirs un peu d'animation mais on replonge aussi vite dans l'uniformité écrasante de la steppe et une torpeur que la distance alourdit d'autant. Les quelques arrêts sur la voie redonnent seuls un peu d'air à la longue parenthèse qui vous propulse des larges avenues de la capitale kazakhe aux ruelles venteuses d'un ancien port de pêche ensablé. Le soir, sur l'ancien port, vous êtes à peine surpris qu'il n'y ait plus à la place de l'eau qu'une vague étendue d'herbes sèches et de morceaux de ferraille rouillés. Fatigué par le voyage, amorti par les quelques vodkas que vous vous êtes offertes, vous voyez se détacher progressivement de ce long trajet apparemment uniforme une succession de segments liés entre eux par la lente rêverie hypnotique du rail.

Certains voyages baignent tout entiers dans cette lumière mouvante, particulièrement ceux que la neige enclôt de part en part. Le trajet qui relie Bergen à Oslo par le plateau de Finse, ou la vallée de Glencoe, en Écosse, prennent encore dans ma mémoire cette consistance ouatée et mate qui leur confère l'essentiel de leur charme. Partout la neige venait donner à ces longs parcours une épaisseur que rien pourtant dans le paysage ne laissait supposer et si je n'avais pas encore mes notes pour m'y rattacher je croirais volontiers les avoir rêvés. Ces réalités à peine effleurées, l'écriture vient leur redonner une présence palpable. De ce point de vue, voyager en écrivant est comme un long rêve éveillé. Et de même que dans le rêve un lieu peut en condenser plusieurs, Samarcande, par un simple rappel de couleurs, est à mes yeux indissolublement associée, malgré la distance qui la sépare de la mer, à la Méditerranée. Dans cette rêverie confortable – qui est aussi celle des trajets d'enfance, toujours à la frontière du sommeil, à leur manière si *chien et loup* – viennent se surimposer différentes strates d'émotions dont il sera possible plus tard, une fois arrivé, de reconstituer la généalogie. On ne garde le plus souvent de ses rêves qu'une image fixe, à la frontière de l'icône, une image indépendante, détachée de toute narration ; c'est cette image-là que l'écriture peut dépasser si, en replongeant dans l'état même de demi-sommeil de son apparition, elle parvient à retrouver la profondeur un peu épaisse et marécageuse d'où elle a émergé.

Francis S. Fitzgerald écrivait à sa fille : « Tout le secret de l'écriture c'est de nager sous l'eau et de retenir son souffle [...] ; ne pas se révéler, s'occulter, habiter le mystère, se retenir, en espérant une révélation complète et une respiration prolongée, au moment de sortir à la surface de la mer. » Écrire, c'est plonger dans des eaux, non pas tant profondes ni troubles qu'intermédiaires, dans un entre-deux où le regard trouve au-dessus de lui, dans une lumière flottante d'aquarium, de quoi supporter la masse effrayante des bas-fonds en dessous de lui.

On dit souvent que l'on écrit sur les livres des autres, couche sur couche, strate sur strate ; sans doute les voyages ne fonctionnent-ils pas autrement : ils se superposent les uns aux autres pour créer une tourbe compacte et riche. C'est à cette stratification de la perception que l'écriture doit se rendre disponible pour lui redonner toute sa profondeur et éviter ainsi de ne rester qu'à la surface cultivable des choses – stratification que les livres lus eux-mêmes, en dessinant dans l'esprit du voyageur l'image qu'il se fait de son propre voyage, contribuent à définir.

Le livre que l'on emporte avec soi sur la route est un excellent compagnon pour peu qu'on l'ait choisi avec attention. *Les Trois Mousquetaires*, par exemple, détonnait légèrement dans les montagnes de Kirghizie où je l'ai lu alors que certaines incongruités apparentes, au contraire, ne manquent pas de créer d'intéressantes passerelles : *Le Manifeste du surréalisme* de Breton, si friand d'apparitions et de fantômes, convenait plutôt bien, finalement, à la lande shakespearienne des Highlands.

Comme j'arrivais à Saint-Raphaël après avoir descendu la Nationale 7, l'apparition brutale de la mer dans le cadre du pare-brise me fit penser à un livre de Morand, *Méditerranée, mer des surprises.* Je pensais aussi, dans le même mouvement, à *Tendre est la nuit* de Fitzgerald où un jeune couple d'Américains se défait sur fond de Provence et de sable chaud. Ces deux livres, malgré Kerouac que je lisais alors, ont définitivement teinté l'image que j'ai maintenant de cette partie de la France, de leur esthétique *années folles* et d'une certaine nostalgie à l'alcoolémie grimpante.

Il arrive aussi parfois qu'au cœur même du voyage la lecture vienne recréer un espace familier et dessiner autour de nous un environnement qui repose des aléas de la route. La musicalité d'une langue connue, l'onomastique rendue subitement proche par l'éloignement transforment certains livres en lieux de reconnaissance, en ambassades françaises où se détendre après un long voyage. Le Berry de George Sand qu'on n'aurait considéré chez soi qu'avec une attention pour le moins distraite revêt les couleurs d'une France traversée en plein été, dans la chaleur brûlante d'août, pour rejoindre un lieu de vacances et même les longs développements de Victor Hugo ne deviennent plus si difficiles à lire car ils rappellent à notre mémoire les images des livres d'histoire de notre enfance, la frise chronologique qui courait au-dessus du tableau noir.

Dans le train de nuit qui me conduisait de l'oasis de Turfan à Kashgar par le désert du Xinjiang, un livre dont j'ai oublié le titre creusa ainsi dans le temps une parenthèse réconfortante. La nuit tombait depuis plusieurs heures déjà, enlevant minute après minute au paysage ses couleurs et son relief jusqu'à ne plus laisser qu'un gris-bleu opaque que seules venaient éclairer les lumières des cabanes d'ouvriers. Les montagnes au loin formaient une ligne continue le long de laquelle les voies s'appuyaient et je les regardais disparaître entre deux wagons. J'avais les jambes flasques, la poitrine chaude, quelque chose d'épais dans la bouche et les cheveux lourds. Neuf semaines de voyage s'abattaient sur moi. Dans mon compartiment, une famille ouïghoure dînait, sur une feuille de journal, de concombres et de tomates. Les parents parlaient à leurs enfants avec cette voix calme et chaude qui atténue la peur du noir. Peu à peu, un silence agréable se fit, derrière lequel je n'entendis plus que les doigts du petit garçon qui se posaient sur le carreau à chaque point jaune que les lampadaires le long des voies laissaient sur la vitre.

J'allumai ma veilleuse et commençai à lire. À cette heure de la nuit, le rythme lent et monotone du train ramenait l'espace du wagon aux dimensions d'une chambre à coucher et, bientôt, le livre que je tenais entre les mains vint reprendre le caractère confortable et presque sacré que conserve pour moi depuis l'enfance tout *livre de chevet*. À ces simples mots, le décor de ce train chinois disparut derrière l'apparition soudaine que fit au milieu du désert ce petit bout d'enfance : pour un instant, je pus me reposer enfin, m'alléger d'un poids mal identifié et qui sans doute n'était que la peur du soir ou l'appel du retour. Au réveil, je me levai avec ce vers de

René Char dont je ne me souvenais pourtant pas d'avoir rêvé : « Il n'y a de pays que l'enfance. » Il faisait chaud, déjà lourd, et bientôt les montagnes disparurent pour ne laisser qu'une grande plaine où poussaient çà et là quelques arbres de plus en plus nombreux. On arriverait vers midi.

Mais il peut aussi se dégager de certaines lectures, au-delà de la familiarité qu'elles donnent parfois au paysage, un charme plus diffus qui vient comme lester le voyage d'un poids supplémentaire d'ailleurs et d'étrangeté. *Les Hauts de Hurlevent*, lus en pleine lande écossaise, se chargent d'une force d'évocation bien plus grande que nulle part ailleurs. Certains livres, si proches du lieu que l'on traverse, viennent comme renforcer, doubler notre perception de l'étranger. À un éloignement réel et physique vient s'ajouter une confirmation proche de l'imaginaire, comme si, même en pleine nuit, la lecture et le voyage se poursuivaient, sans repos possible. La réalité et les décors se fondent alors pour ne plus fournir qu'une image confuse et envoûtante : l'ai-je lu ? l'ai-je vu ? Au-delà de la lecture, de l'appréciation que l'on peut avoir en voyage de son environnement, ce genre de rencontre engendre dans l'écriture une confusion perturbante et créatrice, et la perception que l'on a des choses se fait alors par un prisme extérieur qui déflore le regard. Ces landes, justement, comment les verrions-nous si nous n'avions pas lu Emily Brontë ?

Sans Conrad, le Mali n'aurait sans doute pas été aussi épais et marécageux, complètement imprégné du clair-obscur malsain d'*Au cœur des ténèbres*. C'était le seul livre que j'avais emporté. J'ai pour lui un attachement singulier. C'est sans doute de l'avoir lu et relu pendant dix semaines qui me le rend si proche. J'y retrouve ce qui me plaisait déjà dans *Fortune* ou *Lord Jim*, une attention particulière aux moindres inflexions des personnages, une volonté d'emmener le lecteur loin, au risque de le perdre parfois, et un goût du voyage sans exotisme ni illusions qu'aucune aigreur ne vient pourtant entacher. Dans l'épaisseur des personnages, et bien que sur un autre plan, Conrad rappelle aussi Stevenson dont on ne cite malheureusement trop souvent que *L'Île au trésor* ou, au mieux, son *Voyage dans les Cévennes*. Ce qui les rassemble, au-delà de leur goût commun pour les voyages, c'est cet attachement à observer le trouble à la racine même de son apparition, le caractère d'étrangeté qui, une fois le livre fermé, vient toucher l'ensemble des âmes en jeu.

Nous longions le Niger depuis Bamako, étape après étape, à la recherche de musiciens avec qui remonter le long du blues. À Mopti, une lettre de recommandation écrite par le directeur de l'orchestre régional devait nous permettre de rencontrer Ali Farka Touré chez lui, à Niafunké. Une pinasse s'y rendait bientôt, il faudrait deux jours. Quelques heures avant le départ, je sortis faire un tour sur la digue et regarder une dernière fois les jeunes filles insolentes et le mouvement des barques chargées de poissons. Il y avait ici, le long de ce fleuve « fascinant, mortel, tel un serpent », une paresse qui m'allait bien. Je repensai à Conrad, à l'Afrique que Marlow allait affronter, au fleuve que le livre allait remonter et à la menace que Kurtz faisait planer en amont. Pour un instant, le Niger devant mes yeux prit l'allure équatoriale que le Congo doit avoir.

Un peu plus tard, entassés sous un mètre cinquante de plafond, nous commencions notre lente remontée du Niger. Je garde de ce trajet un souvenir confus et vaporeux ; les heures semblaient se fondre les unes aux autres sans aucune de ces balises qui viennent, à terre, rythmer les journées. Les deux rives, éloignées plus que d'habitude par la saison des pluies, semblaient deux côtes étrangères et hostiles, arides, sèches et monotones et leur « sombre uniformité m'éloignait de la réalité des choses, me maintenant dans les affres d'une désillusion triste et irrationnelle ». Elles prenaient dans mon imagination engourdie par la chaleur la forme de cette côte africaine que Conrad fait descendre à Marlow jusqu'au Congo. Aux heures les plus chaudes, je m'allongeais à l'avant, une main dans l'eau, l'autre chassant les insectes, plongé dans une réalité hésitante sur laquelle commençaient à déteindre les mots de Conrad.

La journée du lendemain se passa en longues heures d'attente à espérer voir apparaître Niafunké derrière une courbe du fleuve. On la devina enfin, tard dans la nuit, à deux ou trois lumières cachées par les arbres et à un léger halo au-dessus de la rive ouest. « Elle se trouvait sur une échancrure de la rivière, entourée de bois et de buissons, avec une adorable bordure de boue nauséabonde » d'où montait une odeur fade de poisson et d'herbes mortes. Il devait être minuit, peut-être une heure, et le crissement spongieux des insectes derrière nous venait seul rythmer, comme le battant d'une antique horloge, l'écoulement d'une nuit traversée en somnambule. Sur la berge, un groupe d'hommes et de femmes attendait, lampes à la main. Parmi eux, je crus deviner une femme à la silhouette étrange « avec des jambières de cuivre jusqu'aux genoux, des gantelets de tissu métallique jusqu'au coude, [et] des choses bizarres, des amulettes, pendaient autour d'elle et brillaient à chacun de ses pas », mais la nuit me la déroba très vite. Je me souviens seulement d'un mélange de bruits forts absorbés aussitôt comme une pierre par un marais, et d'une attente silencieuse. J'entendis encore le bruit mat des sacs jetés de la passerelle sur la barque, puis il n'y eut plus, après, que la sensation de l'eau chaude jusqu'à la taille, le poids du matériel à porter, la nuit épaisse, et cette impression poisseuse de l'air dur à respirer. À ce moment précis, j'eus envie que rien ne s'arrête : j'aurais aimé rester là éternellement, engourdi, à regarder se jouer cette scène à la réalité fragile et hésitante. Je ne savais pas que, bien des années après, en relisant les premiers mots d'*Au cœur des ténèbres*, ce serait toute cette nuit qui me reviendrait en mémoire, ni qu'elle prendrait définitivement pour moi la couleur étrange et translucide des plantes d'eau.

Il se crée comme cela, d'année en année, une réalité composite et complexe dans laquelle il devient difficile de distinguer le fait réel de ce qui s'y est greffé. Les voyages déposent au fond de la mémoire de ceux qui les ont faits une impression aux couches multiples où les livres lus, comme une couleur puissante, viennent irrémédiablement teinter le souvenir que l'on en gardera. Il s'agit rarement d'une couleur nette, primaire, mais bien plutôt d'une nuance infime, d'un timbre particulier. La Chine oscille du brun-rouge de l'Ouest au gris épais des brumes de Pékin ; le Yémen du bleu sale de la mer Rouge au vert des feuilles de qât. Mais cela serait encore trop court : mille nuances, comme un glacis longtemps travaillé, viennent se superposer les unes aux autres et donner à ces voyages une carnation inimitable.

Difficile, à la lecture de *La Chartreuse de Parme*, de ne pas croire que Stendhal a cherché à rendre cette couleur de terre cuite, de biscuit sec prêt à craquer que l'on retrouve partout et qui est aussi celle des toiles italiennes de Corot. Les nouvelles de Raymond Carver, elles, laissent dans la bouche comme un goût de rémission, et l'on peut les associer au calme un peu menaçant qui se répand parfois sur les rues de banlieue, au charme discret de leur voyage immobile. Quant à Chatwin, et malgré la densité de son point de vue, il garde quelque chose de léger et de solaire, qui évoque l'ocre du *bush* australien.

On croirait volontiers un écrivain qui dirait écrire pour réussir à retrouver, puis à rendre, une nuance qui lui serait propre, ou celui qui s'attacherait, par exemple, à capter l'impression d'une heure du jour, la lumière d'une route d'Afrique aperçue dans le matin ; que son histoire d'amour, son crime policier, son récit de voyage ne soient que des prétextes à la recherche de ces nuances et non l'inverse.

Peut-être les voyages tendent-ils finalement plus vers la neutralité apparente du gris. Certes, il n'est pas très aimé, on le trouve souvent triste, fade, il rappelle les cimetières, la mort. Mais si l'on se souvient qu'il est le résultat de la rencontre harmonieuse des trois primaires – et non pas un simple mélange de noir et de blanc –, on devine ce qu'il peut y avoir en lui de lumineux. Avec lui arrive la nuance et la subtilité ; il rend compte avec une surprenante agilité des influences extérieures qu'il reçoit. Ne parle-t-on pas de vert-de-gris, de gris-bleu, de gris souris, taupe, ficelle, chocolat, de gris chaud comme de gris froid ? Ernst Jünger, dans *Soixante-dix s'efface*, en parle ainsi : « Le gris possède une potentialité spectrale et même démoniaque. [...] Il répond à la lumière depuis une grande profondeur ; il déploie les forces qui sommeillent dans les nuages, dans la pierre. Il s'éveille aux premières lueurs de l'aube, se déploie dans l'arc-en-ciel, dans la perle, dans l'opale. »

Peu de gens pourtant aimeraient lire un roman « gris ». Sur les retables des églises, chacun préfère le recto coloré à la grisaille du verso. C'est qu'il s'agit moins d'une couleur à rendre que d'une émotion colorée, moins d'un absolu que d'un état d'esprit. Mais le gris a la capacité de faire remonter à la surface les plus infimes nuances : ce qui est beau en lui, c'est la naissance du bleu et sa disparition, cette manière qu'il a de se tenir au milieu, de condenser en lui les potentialités des autres couleurs.

Comme résultat d'impressions convergentes, le gris semble être la couleur de l'errance ; il a, comme elle, ce *fondu*, cette façon de tout maintenir à une distance intermédiaire. L'errance, elle aussi, pâtit d'une mauvaise réputation : elle est la condition des pauvres gens, du colporteur ou du vagabond, on l'associe à la souffrance, à la mélancolie ; l'errant a l'âme en peine, on jette des pierres au chien. Mais l'errance n'est pas tant une manière aveugle de voyager que l'aboutissement de celui qui a beaucoup vu et pris conscience des similitudes qui rapprochent les choses entre elles ; elle n'est pas non plus ni l'oisiveté, ni le désœuvrement, mais bien plutôt un lieu intérieur où l'œuvre se construit dans la *vita contemplativa* : ce n'est pas le lieu vide de l'uniformité, mais le temps de la recréation. L'errant, dans sa latence, transforme en voyage ce qui peut d'abord apparaître immobile, il cherche à la surface du globe un lieu qui lui irait.

L'écriture est peut-être le moyen de cette quête. Avec elle, il devient possible de redonner à la réalité de l'errance une profondeur, une architecture, il devient possible que, derrière la multiplicité des personnes rencontrées, l'écrivain trouve le personnage, que plusieurs lieux connus s'agglomèrent jusqu'à n'en former plus qu'un et que soit rendu à certains voyages, vécus dans l'hétérogénéité, une ordonnance qui leur manquait. L'écriture fait remonter à la surface du lisible ce qui dans le gris de l'errance n'était plus visible, elle permet au lecteur de voir le voyage se faire et le destin agir.

D'une certaine manière, l'écriture est le retour auquel l'errant – condamné à ne jamais rentrer en étant partout chez lui – n'a pas droit, ce moment où le voyageur laisse la mémoire faire son travail de réorganisation, où l'anticipation cède la place au souvenir. Mais il n'est pas toujours facile de savoir quand rentrer :

Voyageur, voyageur, accepte le retour,
Il n'est plus temps en toi pour de nouveaux visages
Ton rêve modelé par trop de paysages
Laisse-le reposer en son nouveau contour.

Parfois, bien sûr, en plus de ces quelques vers de Supervielle, comme une sécurité supplémentaire contre l'évasion définitive, un billet à date fixe vient poser sur les rails un butoir au voyage. Pour ma part, je préfère maintenant, et ma vie s'est organisée comme ça, faire confiance aux événements. Au Yémen, on écourta sans que je le veuille mon séjour sur place et, à Lisbonne, au second verre que je bus à 10 heures du matin, je sus qu'il me fallait rentrer. À Kashgar, avec le temps déjà passé et le retour qui approchait, je sentais ma volonté s'émousser et je n'allais plus dans la ville qu'un peu forcé par une lutte contre l'engourdissement. J'étais comme rassasié, presque écœuré de tous ces bruits, ces signes, du carrelage blanc des immeubles et même, peut-être, de la ville ouïghoure dans laquelle je m'étais pourtant si bien senti les premiers jours. Je tournais autour d'elle, la regardais de loin, mais plus rien ne m'appelait à y entrer, nous nous saturions l'un l'autre. Il y a un temps de rencontre à ne pas excéder. Il en va en voyage des villes comme des hommes : le meilleur se libère après quelques jours puis, sans liens qui attachent, l'ennui arrive, on s'évite. D'autres fois, la nostalgie, le mal du pays, la fatigue, la maladie ou encore un instinct plus profond sonnent l'heure du retour.

Le voyageur peut alors rentrer en lui-même, regarder derrière lui. C'est le moment où il s'étonne, en relisant ses notes, d'y trouver une certaine cohérence. Lui qui croyait avoir été ballotté de ville en ville voit se dessiner sous ses yeux une longue ligne droite. De toutes ces aventures et de tous ces moments d'attente qui les ont cimentées, se dégage peu à peu une couleur particulière. Et c'est cette couleur, cette intuition si l'on veut, que l'écrivain s'attache à retranscrire : il lui faut trouver une voix. Commence alors le temps de l'écriture, la suite d'un voyage qu'aucun vol de retour ne semble plus pouvoir arrêter. Mais que dire et comment ?

L'anecdote de voyage ennuie souvent et le voyageur lui-même en la racontant sent parfois qu'elle s'est comme vidée de sa substance : il sait qu'il ne dit pas tout, qu'il n'arrive pas à « faire sentir » et conclut en s'excusant que « c'était mieux en vrai ». C'est qu'il dépasse rarement la description pure, il aligne les faits et ne retrouve pas ce qui sur place semblait si bien les relier entre eux. Dans le souci de ne pas ennuyer, il s'efforce d'enlever les moments creux et oublie le petit détail qui lui avait paru touchant et qui, devant les autres, devient ridicule ; il s'arrête aux moments forts mais ne pose pas de contexte, sa pièce est sans décor. Il ne s'agit évidemment pas ici de décor *décoratif*, de petits bouts de cartons peints pour faire illusion. Le théâtre contemporain nous a plus d'une fois prouvé qu'un simple tapis déposé sur le plateau pouvait faire apparaître aux yeux du spectateur la lande de *Macbeth* ou celle du *Roi Lear*. La différence n'est pas énorme, tout bien réfléchi, entre l'anecdote à raconter et le récit de voyage : certains, malgré la suite d'exploits alignés de page en page, ne marchent pas, l'illusion théâtrale n'agit pas.

Dans une pièce où l'on imaginerait deux hommes se battre, le fait qu'une porte soit fermée ou ouverte allonge la liste des possibles, cet élément du décor permet la fuite. En évoquant un ciel sombre et chargé, le voyageur fait planer sur son anecdote la menace permanente d'un orage qui vient donner à son histoire une nouvelle épaisseur dramatique. Mais aurait-il spontanément pensé à cet insignifiant détail météorologique qui pourtant, sur le moment, sans qu'il s'en rende vraiment compte, était venu pour lui donner le ton, créer l'atmosphère ? Avec le temps, la mémoire agglomère tous ces détails, elle les condense, rend les souvenirs confus et comme perméables les uns aux autres. Il n'est pas rare alors que l'on aille chercher en Inde ce qui manquait pour bien parler de l'Égypte. Mais peut être aussi certains détails trouvent-ils entre eux une parenté plus discrète. Il s'agit alors moins d'une défaillance de la mémoire que de similitudes autrement parlantes.

J'avais en me promenant un jour à Brooklyn l'impression tenace d'être dans une des rues du sud de Londres, à Tulse Hill, où j'avais habité deux ans plus tôt. Au-delà de l'anglais que j'entendais autour de moi, rien, apparemment, ne venait relier entre eux ces deux décors. Je m'attendais à chaque instant à arriver au pied de mon appartement et je crois même avoir machinalement cherché mes clés dans ma poche. Plus tard, en passant devant une arrière-cour, je remarquai que, dans ce quartier de Brooklyn comme à Londres, les fenêtres et les tuyauteries extérieures étaient peintes en noir. Sur les briques rouge sombre des maisons, elles dessinaient un motif auquel je n'avais jamais prêté la moindre attention et qui me replongea, pour quelques mètres seulement, au cœur de Londres et d'une époque que je croyais oubliée.

La mémoire, qui offre des raccourcis surprenants, a en cela beaucoup à voir avec la secondarité propre au processus d'écriture ; elle « est la condition de la poésie [et] le révolu [est] sa substance », dit Cioran. Cette forme de digestion est le temps où l'écrivain extrait de son passé ce qu'il y a en lui de plus profond et de plus narratif. C'est un temps qui lui est donné pour laisser décanter ses souvenirs. Ce filtrage que l'écriture opère sur la mémoire tend tout autant à redonner à chaque particule sa juste place qu'à obtenir un condensé, un *extrait* qui, comme un concentré de musc ou de lilas, aura le pouvoir de faire ressentir au lecteur ce que l'écrivain a perçu.

Dans cette phase de reconstruction de la réalité, l'écrivain peut tirer de ses voyages et des rencontres qu'il y a faites un certain nombre d'informations qui lui permettront d'élaborer ses personnages. Il prendra ici un détail psychologique, là une manière de marcher ou une inflexion de voix et constituera ainsi, fragment après fragment, un être quasi vivant auquel il ne restera plus qu'à trouver un nom. Mais l'écrivain-voyageur est confronté à une difficulté que ne rencontre pas le romancier : ses personnages peuvent un jour tomber sur son livre et s'y reconnaître de manière plus ou moins agréable. Il se trouve donc face à un problème de loyauté, pris entre le souci de respecter les gens rencontrés sur sa route et un souci tout aussi louable de vérité. Le livre, récit ou roman, ayant une vie indépendante, toute personne qui se retrouve coincée entre deux pages se voit tout à la fois dépossédée de son identité « réelle » et prête à commencer une nouvelle vie. De même que l'auteur et l'écrivain sont deux personnes distinctes (« Je est un autre »), la personne et le personnage n'ont en fin de compte pas grand-chose à voir : dans le livre, un mystère que l'on pourrait qualifier d'alchimique transforme les êtres en jeu et déplace la question de leur identité réelle sur un plan littéraire. Le reste est affaire d'art et de pudeur.

On rencontre souvent aux abords des ambassades, quelque pays qu'elles représentent, dans les bars alentour, un Blanc à l'allure débraillée, la paupière lourde, la peau épaisse, qui engage volontiers la conversation devant un verre bien rempli et vous gratifie dès le deuxième de commentaires sur le pays qu'en « ancien » il connaît bien. On apprend alors inévitablement que les « locaux » sont « menteurs, sales, corrompus » et « travaillent mal », ce qui va de soi. La littérature comme le cinéma a beaucoup usé de ces personnages pour meubler ses arrière-plans d'un caractère, d'une gueule. Ce sont la « pute au grand cœur », le « gangster sensible » et le « cow-boy solitaire », entre autres. Ces personnages sont certes attachants mais il suffit de penser à ce que la littérature coloniale a pu véhiculer comme clichés pour voir assez vite la limite du genre : l'« Arabe voleur », le « Chinois sadique », le « Noir paresseux » et j'en passe… La littérature de voyage, elle aussi, a un certain mal à se défaire des clichés d'un exotisme non seulement facile, mais parfois daté et comme périmé. Les lecteurs, comme certains auteurs d'ailleurs, préfèrent souvent l'histoire d'un chaman-mongol-perdu-en-plein-steppe ou la survie du dernier-membre-d'une-tribu-en-voie-d'extinction à d'autres aventures peut-être moins lointaines mais aussi moins attendues. Rares sont les auteurs, comme Jean Rollin, dans *Zones*, à réussir à rendre attractif et non caricatural un voyage dont l'exotisme ne doit rien ni à l'industrie des cartes postales ni à la distance parcourue depuis le point de départ. C'est que tout livre de voyage défend, consciemment ou pas, une certaine idée du voyage bien sûr mais aussi de la littérature, et la manière d'aborder les personnages, de ce point de vue, est souvent révélatrice de la position prise : derrière le type se cache souvent la caricature. Car il ne s'agit pas simplement de mêler des traits de caractère, de combiner différents éléments pour obtenir un personnage plus ou moins vivant. Loin de réaliser une simple compilation, chaque auteur se doit d'élaborer un savant *assemblage* où, de quarts de tour en dégorgeage – comme le pinot, le chardonnay et le meunier après un long passage en cave, et un dosage subtil, se transmuent en champagne –, le personnage émerge. Un simple collage d'éléments disparates ne donnerait qu'un portrait-robot, figé, sans « corps », ni « cuisse » ni « bouquet ».

Beaucoup de voyageurs revendiquent une véracité totale de leur récit et s'attachent à prouver que tout est réellement arrivé, comme si cela était une preuve supplémentaire de leur mérite. Sans remettre en cause leur intégrité, on peut toutefois considérer les inévitables défaillances de la mémoire. Qu'Henry de Monfreid ait tiré cinq ou six fois sur ceux qui l'attaquaient en débarquant sur l'île de Socotra ne change pas grand-chose à son récit – peu importe que cela soit vrai puisque c'est vraisemblable. Ici, le réel devient souvent *effet de réel* et transforme vite la page en scène.

En tant qu'auteur-personnage, narrateur de son propre héroïsme, l'écrivain-voyageur incarne un paradoxe. A-t-il vraiment vécu tout ce dont il parle ? Le fleuve était-il aussi large qu'il le prétend, le désert aussi aride ? Si l'ours rencontré n'avait pas fait 500 mais seulement 300 kilos, la peur ressentie par le lecteur aurait-elle pourtant été moins grande ? son plaisir de lecture moins intense ? L'écrivain-voyageur, en s'auto-engendrant à chaque page comme personnage de son propre livre, fixe le cadre de la vraisemblance. Il appartient au lecteur de souscrire ou non à ce contrat.

Le voyageur qui écrit n'est pas un journaliste et, à ce titre, la « réalité » du fait lui importe peu car les sources qu'il a à protéger sont d'un autre ordre. Il sait qu'un personnage qu'il décrira comme roux sera brun pour l'un de ses lecteurs, blond pour un autre. Pourtant, tous s'accorderont sur son caractère. Lord Voldemor, dans la série des *Harry Potter*, n'obtiendrait pas la sympathie des lecteurs même si J. K. Rowling l'avait fait beau et jeune ; son nom suffit à le décrire, à instaurer une atmosphère lourde et menaçante. J'ai rencontré un jour à Kashgar un ancien terroriste allemand qui me confia, comme à beaucoup de monde d'ailleurs, mais l'alcool l'excusait, certains de ses « exploits » alors que nous attendions autour de bières la prostituée qu'il fréquentait régulièrement. Il devait devenir quelques mois plus tard le personnage d'une de mes nouvelles et ne savait sans doute pas que chacun de ses mots seraient enregistrés dans une perspective narrative. En commençant à écrire, cependant, quelque chose me gêna. Il y avait certes une certaine indécence à livrer si facilement ce que quelqu'un, même alcoolisé au dernier degré, m'avait confié avec naturel, mais je dois dire que ma gêne se situait sur un tout autre plan. Après tout, je n'étais missionné par aucun journal, aucune enquête ne m'avait été confiée et je n'avais donc aucune exigence de vérité à tenir, aucune source à protéger. Cela n'était qu'une politesse mal placée, un fond de culpabilité somme toute compréhensible. Mais, en y réfléchissant, il me sembla surtout que l'atmosphère même des soirées passées avec J*** ne tenait que relativement peu à l'atrocité des histoires qu'il me racontait. J'étais même plus qu'enclin à douter parfois de leur authenticité : qui n'a pas, un jour, enjolivé une histoire pour la rendre plus attractive ? C'est un travers qui est facilement pardonné. Non, vraiment, la qualité de nos entretiens tenait à autre chose. Ce qui importait chez lui, c'était moins son apparence physique, son portrait, sujet aux modifications du lecteur, que l'impression ou, pour y revenir, la couleur qu'il dégageait.

À la fin d'un voyage, les détails exotiques (turban, babouches, etc.) ne viennent plus arrêter le regard ; le voyageur s'est fait de son environnement une image qui dépasse le cadre de l'anecdotique. De même, chaque lecteur aura, à la fin d'un livre, une impression singulière, n'appartenant qu'à lui, des personnages et du décor dans lequel ils évoluent. D'où la déception lors d'une éventuelle adaptation cinématographique : « Edmond Dantès ressemblait donc à ça ! » Mais Edmond Dantès était bien plus : il était aussi Monte-Cristo, il était aussi la vengeance, le dévouement, l'élégance et le pouvoir, il était le bien triomphant du mal.

Les lieux, dans le souvenir elliptique que l'on a d'un voyage, se transforment souvent, selon l'expression consacrée, en *paysage intérieur*. À la réalité géographique traversée s'ajoute un assortiment plus ou moins heureux d'influences extérieures qui viendront fixer ce paysage en une image inaltérable malgré le flou de ses contours.

L'image que l'on a d'un décor dépend finalement assez peu de ce que l'on y a vraiment vu. À la lecture d'une pièce dont on aurait supprimé les didascalies, le lecteur se fera malgré tout une image mentale du décor dans lequel les personnages évoluent : il habille inconsciemment une scène dont la nudité le dérange. De même que les dialogues et les impressions des personnages permettent au lecteur de recréer leur environnement, le décor et le paysage, eux aussi, parlent.

Il serait de ce point de vue dommage de se priver des descriptions de Balzac dont il est bien entendu qu'elles sont « affreusement longues ». Mais l'auteur ne remplit pas par pur plaisir mécanique des pages de description. Le peintre de nature morte ne dispose pas non plus au hasard un œillet des chartreux à proximité d'un crâne, un citron pelé à côté d'huîtres ouvertes, il construit une *vanité*. De même que trois accords mineurs annoncent une scène pathétique et les violons stridents le couteau qui s'abat au travers du rideau de douche, le paysage à sa manière vient préparer le terrain, il est comme un réceptacle, un creuset, une éponge que l'auteur vient de temps à autre presser sur son livre ; il absorbe comme la mousse des forêts ou la tourbe d'Irlande les émotions vécues par l'auteur lors de traversées où il a parfois été sa seule compagnie, sa seule source de préoccupation.

Le décor, pour l'écrivain-voyageur, est le moyen idéal de faire sentir au lecteur une réalité qu'il ne connaît pas et ne connaîtra sans doute jamais. Les mots « steppe » ou « toundra » évoquent d'emblée un certain décor et « dune », « aridité » ou « Sahel », au-delà de leur caractère géographique et de leur capacité de situation, redonnent à l'écrivain la possibilité de sentir un voyage déjà accompli en même temps qu'ils créent dans l'esprit du lecteur un décor palpable. L'arbre que l'écrivain choisira s'il veut poser un décor « Forêt-Noire » a peu de chance d'être un peuplier aux feuilles argentées ; il lui préférera plutôt un douglas ou un mélèze, plus probablement un « sapin », bref un conifère, car il compte sur les antécédents du lecteur pour recréer à la seule évocation de ce nom tout un univers d'épines moussues et l'altitude épaisse et noire d'une cathédrale de plein air.

La littérature de voyage a des goûts paysagers assez constants, elle privilégie souvent, sur les banlieues parisiennes, le charme « authentique » d'un « terroir » à la « nature préservée », une destination lointaine comme l'Asie (« éternelle » et « mystique »), ou encore les pays du Grand Nord dont la nature est « âpre » et « éprouve le voyageur dans ses certitudes » ; elle préfère presque naturellement le Turkménistan au Luxembourg. C'est que le lieu porte dans son nom l'essence de ce qui fera le livre, sa tonalité. La finale du Turkméni*stan* dessine déjà les mystères inquiétants de l'Asie centrale alors que celle du Luxem*bourg* n'évoque, au mieux, qu'une paisible place de village propret, voire un élégant jardin public.

Chaque littérature a ses classiques et ses codes qui, loin de nécessiter d'être tenus secrets, fonctionnent aussi en partie sur la connaissance qu'en a le public. Au moment où le boulet traîne sur le sol de la cave, le lecteur frissonne déjà du fantôme qu'il n'a pas vu ; l'Orient-Express encore à quai, malgré son immobilité, se déplace déjà vers Istanbul qu'entourent, en dépit de la géographie, de grandes et infinies bouleraies sibériennes. Charge à l'auteur de jouer avec plus ou moins d'art de ces codes, de l'écart entre une réalité supposée et une illusion avérée.

On voit ici tout le pouvoir dont l'écrivain est investi en ayant la capacité de nommer les choses. Le Verbe ne s'est-il pas fait chair ? Il est, à sa manière, aussi puissant que les anciens découvreurs qui ont eu le privilège de pouvoir mettre un nom sur une terre inconnue. C'est un plaisir qui aujourd'hui n'est plus guère réservé qu'aux entomologistes et aux astronomes.

Cependant, l'écrivain-voyageur et le romancier n'entretiennent pas le même rapport au lieu ni à son nom. Comme le photographe qui ne peut modifier la réalité brute qui se présente devant lui, le premier ne peut modifier, *a priori*, ni la toponymie ni le cours d'événements par essence déjà passés puisqu'il les raconte. Mais il peut, et c'est là l'essentiel de sa marge créatrice, *cadrer* dans la réalité, c'est-à-dire trouver l'angle duquel émergera un agencement harmonieux. Son pouvoir réside dans l'évocation qu'il peut faire d'un lieu : en le nommant, il lui donne une voix. Il est, à sa manière, le chaman ou le prêtre d'un culte étrange, un poète dont la métrique serait déterminée par la géographie et le temps du voyage.

Dans *Trois fois l'Hindou Kouch*, Annemarie Schwarzenbach dépose les uns derrière les autres, comme dans une litanie, Herat, Khomri, Oxus et Tashqurgan, elle construit son poème et ouvre pour le lecteur une fenêtre sur l'Asie. Ici, « les noms s'enchaînent avec art comme les perles d'un collier et ne permettent plus de distinguer entre les souvenirs de lieux visités et leur évocation. Le contenu des noms – leur musique, leur couleur – se révèle une réalité différente, énigmatique », ce qui permet à Roger Perret, dans sa postface, d'avancer qu'un « récit de voyage n'est convaincant que lorsque la langue elle-même se fait voyage ».

Le romancier, lui, avec la possibilité qu'il a de disposer les choses selon un ordre qui ne doit à rien à la réalité, peut inventer des êtres hybrides à la Jérôme Bosch ou peindre, comme les Nabis, des *forêts de symboles* souples et féeriques. De réalités que tout oppose apparemment, il extrait une image nouvelle. En cela, il redonne à voir l'état même de confusion heureuse dans lequel le voyageur sombre au cours de ses longs trajets, il tisse dans le langage la maille invisible des souvenirs confondus.

Le Rivage des Syrtes, de Julien Gracq, doit sûrement autant à Venise qu'à Malte, aux steppes d'Asie centrale qu'aux marais de Camargue. C'est que le romancier, voyageur ou pas, derrière les secrètes correspondances qu'entretiennent les paysages, trouve un sens et une unité que le voyageur pressent seulement. Le Farghestan qui menace les Syrtes tout au long du roman attire à lui les mystères de l'Asie lointaine et ceux du Moyen-Orient ; il est le Maghreb qui regarde Malte et la province occidentale des premiers contreforts de l'Himalaya. Gracq, condensant la géographie comme le rêve les souvenirs, enchante son roman de la puissante magie évocatrice de l'*Atlas*, ce monde à portée de main où l'œil d'un sursaut glisse de la Caspienne au golfe d'Aden.

La carte, de ce point de vue, est le premier pas vers un ailleurs que l'on devine logé au cœur même du langage, à la source du mot. Les noms des villages de Norvège, avec leurs *ø* et leurs *å*, avaient signé bien avant que je ne prenne mes billets mon départ pour Bergen. Flåm et la Bjørvika d'Oslo se rangeaient déjà, dans ma géographie personnelle, aux côtés d'Aqaba, Doğubayazıt, Orsenna et le

Balbec de Proust qui pour moi navigue entre le village de Normandie et sa lointaine cousine libanaise, Baalbeck, dans la plaine de la Bekaa, que je traversai un jour en route pour Damas.

Indépendamment des lieux ou des personnages, le voyage permet à l'écrivain de trouver une trame narrative ayant l'avantage de ne nécessiter que peu d'inventions chronologiques. Les faits qu'il aura consignés dans son carnet sont un scénario tout trouvé où les rebondissements manquent rarement et où la fin, dans le retour, est présente dès la première page.

Les romanciers eux aussi ont su voir dans le voyage, et particulièrement dans la route, un potentiel narratif considérable. On ne compte plus les livres qui retracent un parcours ni ceux qui trouvent dans les déplacements de leurs personnages une source d'écriture. Le mouvement provoque le rebondissement et c'est le rebondissement qui fait tourner la page au lecteur. À l'opposé, il est intéressant de voir que le livre manifeste de la décadence, *À rebours* de Huysmans, s'allonge voluptueusement dans une immobilité maladive.

Les seuls déplacements du héros se font dans la douleur, et d'ailleurs sans transition, d'une pièce à l'autre de la maison dans laquelle il a choisi de s'enfermer, et le seul voyage qu'il tentera sera finalement avorté : le projet lui suffisait.

On pourrait ne voir dans le voyage qu'un matériau littéraire qui fournit personnages, décors et histoire, mais ce serait mésestimer en lui la portée symbolique, mythique voire mystique. C'est qu'il y a un mythe de la route comme il y a eu un mythe du château, du donjon, du royaume ; elle est le lieu même de l'apprentissage, le chemin – étroit – qui conduit à la révélation, à la vérité ou, plus simplement, à l'amour, ce qui fait d'elle le pendant profane de l'initiation sacrée. Il y a dans tout voyageur un prince en demande de princesse, un frère à la recherche de la *Rose de Thuringe*, un chevalier en quête d'un Graal d'ailleurs disposé à prendre toutes les formes que lui fournira l'imagination. Chaque voyageur qui prend la route prend aussi l'habit du novice, du disciple. Derrière le plaisir de la marche, le goût du nouveau, l'illusion de l'ailleurs, il n'attend que la révélation d'une connaissance qu'il pressent cachée dans le paysage. À sa manière, tout voyageur, quelle que soit la divinité à laquelle il sacrifie (ou même pense sacrifier), est un pèlerin. De là les valeurs d'effort, de souffrance, d'endurance, d'abnégation qui affleurent dans les pages de la littérature de voyage : le pèlerin doit se défaire de ses vieux habits et se couvrir la tête de cendre car le Graal ne s'offre qu'aux purs. Le voyage est alors moins orienté vers une ville, un but, que sous-tendu par une aimantation qui se trouve au centre du livre comme au centre de la terre. C'est sans doute pour cette raison que les objectifs choisis sont régulièrement symboliques : villes saintes, caps à atteindre, détroits à traverser, climats extrêmes à supporter, routes historiques… À travers eux, le voyageur cherche à atteindre l'illumination, la sagesse, la sainteté, ou, plus simplement, l'épanouissement, la liberté, voire la gloire.

La tradition du *road-trip* américain se construit elle aussi sur le même schéma. La conquête de l'Ouest, si souvent représentée, est autant une quête de liberté qu'une quête d'identité car, en repoussant chaque jour les frontières plus à l'ouest, elle permet à la nation américaine de délimiter son territoire national. De ce point de vue, en traversant leur pays dans le sens inverse de celui des pionniers (ouest/est et non l'inverse), les deux motards d'*Easy Rider* réalisent un acte de résistance éminemment politique et signent la naissance de ce que l'on appellera alors la contre-culture. Kerouac, avec *Sur la route*, réussit en cela, quelle qu'ait été sa finalité, une quête mystique quasi parfaite. L'alcool et les drogues qu'il ingurgite, dans le contexte culturel qui était le sien, ne se différencient qu'assez peu des hallucinogènes qui conduisent le chaman à la vision ; le peyotl et la mescaline ne lui étaient d'ailleurs pas totalement étrangers. L'écriture lui permet aussi de donner à un voyage vécu dans l'hétérogénéité une nouvelle ordonnance. Réagencées le long d'une trame narrative, les villes traversées, éparpillées sur la carte, s'alignent chez le lecteur selon un ordre pour lui établi de longue date. Avec ce *road-trip*, Kerouac réalise, au-delà d'une quête de sensations plus ou moins fortes, une véritable recherche de sens. Et c'est l'écriture même qui vient le faire émerger en orientant chacun de ses actes vers une direction d'abord insoupçonnée.

La vision rétrospective que permet l'écriture autorise finalement cette question : était-il possible que les choses se passent autrement ?

J'ai pour ma part une préférence pour les livres dont la fin se cherche de page en page et où le personnage, comme sous le vent, est poussé par le courant vers une destination encore inconnue. Qui sait en effet, en cours de lecture, où finiront Julien Sorel et Fabrice del Dongo, à quelles extrémités la vie les conduira ? Ces livres permettent à l'auteur de retrouver l'état d'incertitude de son voyage et au lecteur de s'en approcher au plus près. De *où dormirai-je ce soir ?* la question devient *que se passera-t-il au prochain chapitre ?* C'est quand la littérature de voyage déroute, quand elle-même se transforme en voyage, qu'elle atteint un de ses objectifs les plus essentiels. Bien sûr, il sera difficile pour l'auteur de voir ses souvenirs, son « expérience », prendre une forme définitive, de renoncer, en écrivant, à voir son voyage rester un *possible.* Mais ne serait-il pas possible justement, voire souhaitable, qu'une nouvelle réalité se mette en place, qu'un nouveau voyage se dessine ? Une fois écrit, le voyage prend pour l'auteur une forme nouvelle que même les souvenirs les plus précis ne pourront plus changer : cela se sera définitivement passé avec ces mots-là, dans cet ordre-là. Molène, Téhéran, New York... Ils auront ce dessin de lettre, cet écho, ce rythme, proche et pourtant si loin de la réalité, car écrire c'est aussi faire mourir un souvenir. Mais pour le lecteur, une nouvelle route se profile, un appel se fait sentir.

La question pour la littérature de voyage – c'est-à-dire essentiellement les récits de voyage – se pose pourtant dans des termes sensiblement différents : l'auteur-héros étant revenu sain et sauf, la fin a peu de chances d'être malheureuse ou simplement dramatique. Le palu ou deux-trois phalanges manquantes sont le risque maximum. Comme Sherlock Holmes rentre invariablement chez lui, à Baker Street, fumer une pipe de tabac ou d'opium après ses aventures, on peut imaginer par anticipation l'écrivain-voyageur assis à sa table de travail dans un refuge de montagne ou, plus prosaïquement, au Salon du livre. Au lieu de marcher vers un destin, chaque page réalise ici une fin connue d'avance : le retour. Mais la réussite d'un livre tient moins à l'efficacité de son scénario qu'à celle de son écriture même. Peu importe que le narrateur atteigne son objectif, car le voyage est moins la traversée d'une réalité géographique, un déplacement réel, l'affirmation d'un principe de force *(toujours plus loin, toujours plus haut)* que le symbole visible d'une quête intérieure. Bien que nous en connaissions depuis maintenant longtemps la fin, les voyages d'Ella Maillart n'ont perdu ni leur saveur ni leur intérêt et quand Jean-Jacques Rousseau traverse les Alpes à pied, il réalise pour son époque un petit exploit – aujourd'hui, la performance physique est nettement moins impressionnante mais on écoute toujours volontiers ses *Confessions*.

En ce sens, la littérature *de* voyage est plus une littérature *du* voyage, les cloisons entre récit et roman s'affinent et l'écrivain-voyageur, au-delà du mot-valise, redevient un écrivain – qui voyage, certes –, mais un écrivain avant tout.

Il me semble qu'il doit y avoir pour celui qui trouve la combinaison du code « littérature-voyage » un coffre bien rempli, que derrière le secret qui les lie si bien une sorte de vérité, de révélation, lui sera accordée. J'y crois comme à la croix sur la carte de *L'Île au trésor* – sans trop d'illusion, mais avec un secret espoir. Et si cela n'avait servi qu'à motiver un nouveau départ, ce serait déjà bien suffisant.

La littérature et le voyage peuvent facilement dérouter, mais c'est un risque qu'il faut accepter de prendre dès le départ ou disons plutôt qu'un départ sans que ce risque menace serait comme vidé de sa substance et de ses possibilités de renouvellement. Tout voyageur est tombé, bien sûr, dans quelques culs-de-sac, a d'abord erré le long des grandes artères, sur les boulevards, rassuré par la foule et le bruit, l'assurance que tout était bien connu, répertorié, classifié, ordonné. Puis un jour un dégagement s'opère, une ouverture aussi grande que celle de la rue Lafayette à Paris. Ce n'est pas exactement une belle rue mais j'aime en elle l'impression que l'on a, au niveau du boulevard Haussmann, que la ville enfin s'arrête. Il se crée à cet endroit entre les immeubles une percée singulière qui rappelle les rues des stations balnéaires où le sable au pied des voitures, un élargissement soudain de la perspective et quelque chose encore dans l'air de plus vivifiant annoncent immanquablement la mer. Et si la mer n'y était pas, il resterait encore, au bout, la gare du Nord, les trains en partance pour la France et l'Europe, la possibilité de Londres, Bruxelles et Amsterdam, d'une vue sur la baie de Somme ou les falaises crayeuses qui surplombent la Manche. Dans le quartier d'Alameda, à Lisbonne, je rêvais au terminus de la ligne de métro que j'empruntais et qui portait le nom évocateur de *Garo de Oriente* : ce n'était qu'une simple gare de l'Ouest, mais j'imaginais déjà Venise et Istanbul, la traversée de l'Anatolie et un long parcours sans fin.

Il faut s'étonner toujours de l'endroit où l'on se trouvera le lendemain, du livre qu'on lira, de celui qu'il reste à écrire, avancer dans cette errance littéraire avec confiance, disponible comme les surréalistes lors de leurs promenades parisiennes aux surprises qui se cachent sans doute derrière chaque tournant, chaque carrefour. Bien sûr « il faut d'abord prendre beaucoup sur soi pour vouloir s'établir dans ces régions où tout a l'air d'aller si mal », car les livres sont parfois des voyages difficiles à accomplir, mais « une flèche indique maintenant la direction [...] et l'atteinte du but véritable ne dépend plus que de l'endurance du voyageur » (Breton). Endurance, ou existence d'un éventuel ange gardien qui, à la caisse d'une librairie comme au cœur d'un rêve, saura vous mettre sur la voie, comme le saint Jean-Baptiste de Vinci, un demi-sourire aux lèvres, bienveillant, pointant le doigt vers une direction encore inconnue ou, d'un clin d'œil complice, vous incitant à ouvrir cette porte-ci plutôt que celle-là.

Au cœur des ténèbres ouvrait pour moi sur le Niger qui, lui, remontait jusqu'à Tombouctou et les pages de Chatwin ; Chatwin à son tour actionnait un aiguillage qui me remettait dans un train de nuit pour la Chine où Duras conversait avec Malraux et la reine de Saba – impasse qui me fit revenir à Proust et Vermeer, Vermeer à Amsterdam et Proust sur les *falaises de marbre* de Jünger du haut desquelles, pour un instant, je profitai de la vue. Ce que je voyais, c'était un de ces paysages flamands d'où semble se dégager une architecture solide et discrète, comme si chaque personnage de la foule grouillante *avait* quelque chose à faire, *devait* aller quelque part – peut-être dans ce village à l'arrière-plan, perdu dans un bleu-vert féerique où le regard inévitablement échoue. Les choses ici trouvaient un ordre qui était moins le produit d'une exigence formelle que le résultat d'une harmonie plus discrète et plus subtile.

C'est une sensation dérangeante, les premiers jours dans un pays nouveau : ne pas avoir d'endroit où aller. On a en marchant dans les rues la désagréable impression de sentir sur soi des regards désapprobateurs : « Qui est-il, celui-là qui ne va nulle part ? » Et c'est vrai, le voyageur ne va nulle part, il déambule, c'est tout. Il n'est qu'un passant. La honte est parfois si forte qu'il arrive que l'on s'achète un journal à se caler sous le coude pour avoir l'air d'*en être*, ou que l'on marche avec une allure soudainement plus pressée, comme si on était attendu par quelqu'un. Puis, le temps passant, on finit par s'habituer à ne pas avoir de direction, à n'avoir rien d'autre à faire qu'à regarder, à être simplement là. Alors le regard change, les heures du jour s'écoulent avec plus de plénitude et l'on entre dans le temps du voyage, dilaté, épaissi, discontinu. On aime au soir laisser remonter, comme la brume avec la nuit remonte d'un étang, les quelques images de la journée et on les écoute rappeler à elles ce livre lu trois ans auparavant, cette phrase entendue à New York, le souvenir d'une conversation sur le port de Bergen, la vue des chaumes dans la lumière de juin, ce chemin de campagne que l'on remontait un jour où brutalement l'enfance allait finir ; on les laisse lentement aimanter à elles des sources souterraines et déposer entre les choses des passerelles sur lesquelles on marchera le lendemain.

La littérature et le voyage dessinent progressivement en chacun une réalité densifiée, enrichie, sur laquelle le voyageur peut enfin trouver un peu d'adhérence ; une réalité au carrefour de laquelle il se tient volontiers avant de repartir, dans un train ou sur une route, sur un balcon au-dessus d'une ville d'Europe. Les livres lus et les voyages faits préparent chaque jour ceux qui restent encore à accomplir, mais la destination, géographique du moins, apparaît de moins en moins comme une motivation. D'une certaine manière, l'intériorité est devenue elle-même le lieu d'un voyage que la littérature saurait rendre visible.

Il n'est pas rare pourtant de douter que la couleur remonte un jour à la surface du gris, que de l'errance – ou même d'une simple promenade – on finisse enfin par percevoir les « nuances saisissables du visage terrestre », selon l'expression de Julien Gracq. Mais il ne faut pas désespérer car l'écriture, avec la vision rétrospective qu'elle autorise, permet au terme du parcours de dire « voilà ce qui a été » et de dégager du paysage des lignes de force, des axes, des points de tension ; elle permet de cristalliser la menace sourde comme la prémonition heureuse et d'établir les correspondances qui dessineront bientôt la carte d'un immense labyrinthe. Avec elle, pour un instant, le voyageur cesse d'être le jouet du destin, il en devient la main – c'est un peu de repos avant de repartir.

Lisbonne
Juin 2009

1. ANNE-LAURE BOCH – **L'EUPHORIE DES CIMES**

Petites considérations sur la montagne et le dépassement de soi

Anne-Laure Boch, médecin des Hôpitaux, docteur en philosophie et alpiniste amateur, évoque la quête qui anime le passionné de montagne. Le besoin mystérieux de se dépasser, de se confronter à une nature immense qui accueille et domine, le goût d'un effort inutile qui n'attente pas à la pureté des cimes.

2. JEAN-PIERRE VALENTIN – **LE MURMURE DES DUNES**

Petit éloge du désert et de ceux qui y vivent

Jean-Pierre Valentin, documentariste, exprime son amour pour les paysages et les hommes du désert. Accompagner une méharée, boire le thé au bivouac, être attentif au murmure des dunes, c'est communier avec le temps et le monde, et prendre conscience de l'âpre beauté d'une vie dépouillée.

3. ÉMERIC FISSET – **L'IVRESSE DE LA MARCHE**

Petit manifeste en faveur du voyage à pied

Émeric Fisset, éditeur et écrivain-voyageur, confie sa passion pour la marche. Seul le voyage à pied, par sa lenteur, sa simplicité et la disponibilité d'esprit qu'il fait naître, permet d'apprécier le détail d'un paysage, de se mettre au diapason de la nature et de se porter avec sincérité au-devant des hommes.

4. STÉPHAN CARBONNAUX – **LE CANTIQUE DE L'OURS**

Petit plaidoyer pour le frère sauvage de l'homme

Stéphan Carbonnaux, écrivain et naturaliste, dit sa fascination pour l'ours, ce va-nu-pieds qui est le double sauvage de l'homme. Cet emblème de la grande faune symbolise une nature préservée qui évoque le paradis perdu des origines.

5. BERTRAND BUFFON – **LE GOÛT DE LA POLITESSE**

Petit précis des bonnes manières à l'usage du vaste monde

Bertrand Buffon, conseiller ministériel, revient sur une vertu qui marque le respect que l'on témoigne à l'autre avant même de le connaître. Au gré de mille nuances culturelles, la politesse, loin de se réduire à des règles tatillonnes, apporte à ceux qui en ont le goût un surcroît de bonheur et d'humanité.

6. Baptiste Roux – **LA POÉSIE DU RAIL**
Petite apologie du voyage en train
Baptiste Roux, professeur agrégé de lettres, partage son attrait pour la singulière poésie du voyage en train. Lorsque le paysage devient durée et les passagers des compagnons de route, lorsque la vitre renvoie, sur le monde qui défile au rythme vibrant de la machine, sa propre image face à l'ailleurs.

7. Anne Le Maître – **LES BONHEURS DE L'AQUARELLE**
Petite invitation à la peinture vagabonde
Anne Le Maître, professeur d'histoire-géographie et auteur de carnets de voyage, expose de quelle façon l'aquarelle apprend à regarder le monde autrement, tout en nuances, et, en le restituant de manière sensible, permet de connaître à nouveau pleinement le bonheur et l'exultation de sa découverte.

8. Arnaud Cousergue – **L'ESPRIT DU GESTE**
Petite sagesse des arts martiaux
Arnaud Cousergue, professeur de ninjutsu, présente une pratique qui vise à la pureté du geste et de l'esprit. À travers la relation entre le maître et son élève, la quête de l'excellence et le respect d'un code d'honneur, c'est un sésame pour s'initier aux anciennes cultures orientales, notamment japonaise.

9. Patrice de Ravel – **LA CARESSE DE L'ONDE**
Petites réflexions sur le voyage en canoë
Patrice de Ravel, éditeur et libraire, livre son goût pour le canoë. Le voyage à la pagaie ouvre des horizons aussi variés que les émotions et sensations qu'il procure. Les cours d'eau abandonnent à leurs rives leur rôle de frontière pour devenir un intervalle indécis sur lequel voguent les désirs d'évasion.

10. Marie Chastel – **LE SECRET DES PIERRES**

Petite célébration du monde minéral

Marie Chastel, graveur sur pierre, célèbre l'âpre beauté du monde minéral. Majestueuse ou délicate, votive ou talismanique, la pierre est la clé des paysages, la mémoire des bouleversements géologiques, ainsi qu'un inépuisable champ d'expression pour ceux qui la travaillent afin d'y exalter la vie.

11. Philippe Nicolas – **L'ENCHANTEMENT DE LA RIVIÈRE**

Petit bréviaire de la pêche à la mouche

Philippe Nicolas, professeur des écoles, montre en quoi la pêche à la mouche confine à un art de vivre. Se soustraire aux aléas du monde pour s'immerger dans la prodigalité de la rivière, chercher le plus beau geste et jouer avec le poisson qui, de prise, devient un complice que l'on remet à l'eau.

12. Sébastien Jallade – **L'APPEL DE LA ROUTE**

Petite mystique du voyageur en partance

Sébastien Jallade, journaliste, réfléchit aux raisons qui poussent le voyageur à se risquer dans une région déserte ou à affronter l'agitation des métropoles. Épris de liberté, l'homme à l'épreuve de la route répond à un appel qui lui permet de s'ouvrir à l'altérité et de mieux cerner sa propre identité.

13. Albéric d'Hardivilliers – **L'ÉCRITURE DE L'AILLEURS**

Petits propos sur la littérature nomade

Albéric d'Hardivilliers, écrivain-voyageur, témoigne de la vitalité de la lecture et de l'écriture nomades. Le désir d'ailleurs naît souvent d'une émotion littéraire, et s'incarne en retour dans les notes que le voyageur rapporte, tentative de restituer toute la densité des moments vécus.

14. Mélanie Delloye – **LE RYTHME DE L'ÂNE**

Petit hommage aux baudets, grisons et autres bourricots

Mélanie Delloye, journaliste, révèle son attachement pour l'âne, animal injustement décrié. Compagnon de voyage sobre, doux et résistant, il ponctue le chemin de ses caprices et permet une approche renouvelée de l'environnement, justifiant la connivence ancestrale que l'homme entretient avec lui.

15. NICOLAS WEILL-PAROT – **LA MAGIE DES GRIMOIRES**

Petite flânerie dans le secret des bibliothèques

Nicolas Weill-Parot, historien, restitue l'atmosphère des bibliothèques et la passion qui anime le chercheur. Dépositaires de la mémoire du passé, les manuscrits offrent émotion et connaissance au lecteur désireux d'entreprendre, dans les hauts lieux du patrimoine, un voyage à caractère initiatique.

16. FRANÇOISE SYLVESTRE – **LE PARFUM DES ÎLES**

Petite rêverie sur les atolls et les archipels

Françoise Sylvestre, journaliste, communique son inclination pour les îles, sources vives de rêverie et d'inspiration créatrice. Archipels des hautes latitudes, îlots bretons ou atolls tropicaux fascinent par leur promesse d'évasion, la chaleur de leurs habitants et le dépouillement lié à leur isolement.

17. MATTHIEU RAFFARD – **LA SOIF D'IMAGES**

Petites révélations sur la lumière et la photographie

Matthieu Raffard, photographe, éclaire la pratique d'un art qui permet d'immortaliser l'instant de la rencontre et de la découverte en voyage. De portraits en paysages, de l'aube au crépuscule, le professionnel capture et saisit des réalités multiples que son œil réconcilie par une sensibilité unique.

18. CHRISTOPHE HOUDAILLE – **LE CHANT DES VOILES**

Petites pensées sur la navigation hauturière

Christophe Houdaille, navigateur, dévoile l'âpre liberté du marin, conquise dans la solitude, le sel et les embruns. Qu'il soit côtier ou hauturier, le voyage à la voile est un corps à corps avec le bateau, qui permet de toujours repousser l'horizon et d'éprouver son audace, au rythme de la mer et du vent.

Couverture : Wolff & Tritschler – Corbis
Collection : « Petite philosophie du voyage »
Conception graphique : Matthieu Raffard
Réalisation : Transboréal
ISSN : 1956-0664
ISBN : 978-2-913955-88-2
Dépôt légal : novembre 2009

TRANSBORÉAL
EST UNE MAISON D'ÉDITION
QUI VEUT PROMOUVOIR LE TRAVAIL D'AUTEURS,
D'ILLUSTRATEURS ET DE PHOTOGRAPHES
AYANT FAIT PREUVE D'ABNÉGATION ET DE COURAGE
LORS D'ÉTUDES OU DE VOYAGES AU LONG COURS
MARQUÉS PAR UNE RÉELLE CONNIVENCE
AVEC LE MILIEU HUMAIN OU
LE MONDE NATUREL

23, rue Berthollet   Paris (v^e^)
téléphone : 01 55 43 00 37
télécopie : 01 55 43 00 38
contact@transboreal.fr
www.transboreal.fr

ACHEVÉ D'IMPRIMER EN OCTOBRE 2009 SUR LES PRESSES
DE LA NOUVELLE IMPRIMERIE LABALLERY
À CLAMECY (58)
NUMÉRO D'IMPRESSION : 910168